फिर रात होती है

मनीष सतपाल

Made with ♥ on the Notion Press Platform
www.notionpress.com

धन्यवाद

। हरे राम हरे राम राम राम हरे हरे ।

।। हरे कृष्णा हरे कृष्णा कृष्णा कृष्णा हरे हरे ।।

क्रम-सूची

प्रस्तावना xi

आभार xiii

खण्ड 1

1. वसीयत 5
2. बचपन 7
3. याद है 9

खण्ड 2

4. पहाड़ी दोस्त 17
5. पानी 20
6. पौधा 22
7. मैं घास हूँ 23
8. फिर रात होती है 24
9. बारिश 27

खण्ड 3

10. बेतुके शब्द 35
11. मैं कोई कवि नहीं 38
12. कविता क्या है 40
13. किताबें 41

खण्ड 4

14. जाने क्या हो जाता 49
15. साइंस झूठा है 50
16. कविता 51

क्रम-सूची

17. उपहार 53

18. आखिरी शब्द 56

खण्ड 5

19. ज़िंदगी 65

20. अभी भी बैठे हैं 66

21. यह दिल भी अजीब है 67

22. रात 68

23. सुकून 69

खण्ड 6

24. दौर 77

25. तुम्हें पता है 79

26. तू कहाँ नहीं है 81

27. कैसा लगता है 83

खण्ड 7

28. कौन हूँ मैं 91

29. अजय 92

30. तू बढ़ता चल 94

31. शौर्य 96

32. यश 97

33. भूल जाता हूँ 98

समर्पित — राहत इंदौरी 103

राहत 105

कृष्णा, नंदिनी

और

दोस्तों को समर्पित

प्रस्तावना

मैं कवि नहीं हूँ। कम-से-कम कभी स्वयं को कवि मानकर नहीं लिखा। मैंने बस जीवन को देखा है, कभी पास से, कभी दूर से।

जो अच्छा लगा, उसे शब्द दे दिए। जो चुभा, उसे भी। जो समझ नहीं आया, उसे प्रश्न बना दिया। और जो बहुत अपना लगा, उसे समर्पित कर दिया।

इन कविताओं में कोई साहित्यिक महत्वाकांक्षा नहीं है- ऐसा कहना उचित नहीं होगा, पर ये कविताएँ किसी महत्वाकांक्षा से नहीं, अनुभवों और भावनाओं से जन्मी हैं।

यह जीवन के अलग-अलग पड़ावों पर लिखे गए ठहराव हैं। बचपन की स्मृतियाँ, प्रकृति से संवाद, प्रेम की कोमलता, दर्द की चुप्पी, समाज पर प्रश्न, मित्रता की अडिग छाया, और इन सबका एक सरल संकलन।

इन पन्नों में जीवन की एक धारा भी बहती है। वह एक भाव है जीवन को पोषित करने वाला। कहीं एक बाल-सुलभ मुस्कान भी है, जो हर गंभीरता के भीतर खेल बचाए रखती है। जैसे जीवन चाहे जितना उलझे, भीतर की एक धुन बनी रहती है।

मैंने “यश” के पीछे भागते-भागते यह जाना कि उपलब्धि और साथ में अंतर होता है। कुछ चीज़ें पाई जाती हैं, कुछ निभाई जाती हैं।

यह पुस्तक किसी विचारधारा की घोषणा नहीं, बल्कि एक जीवन-यात्रा का दस्तावेज़ है। यदि इन पन्नों में आपको अपना बचपन दिखे, कोई पुराना मित्र याद आए, कोई प्रेम मुस्कुरा दे, या भीतर का कोई प्रश्न हल्का हो जाए, तो समझिएगा कि ये शब्द अकेले नहीं थे।

ये कविताएँ मेरी हैं, पर शायद कहानी आपकी भी हो।

मनीष - धैर्य

आभार

सबसे पहले मैं परमात्मा का हृदय से आभार व्यक्त करता हूँ, जिनकी कृपा से यह लेखन कार्य संभव हो पाया। जीवन में मिलने वाली हर प्रेरणा और हर अनुभव उसी ईश्वरीय शक्ति का आशीर्वाद होता है। मैं अपने माता-पिता का भी कृतज्ञ हूँ, जिन्होंने मुझे जीवन के मूल्य और सही दिशा दी।

विशेष रूप से मैं अपनी अर्धांगिनी **नंदिनी** का धन्यवाद करना चाहता हूँ, जिनके सहयोग, धैर्य और समझ ने मुझे इस कार्य को पूरा करने की शक्ति दी।

अपने बेटे **कृष्णा** के प्रति भी स्नेह और आभार, जिसकी मुस्कान और सरलता अक्सर थकान के क्षणों में भी नई ऊर्जा दे देती है। उसकी बेबाक शब्दों में अपनी बात कहने की आदत अक्सर मुझे बहुत कुछ सिखा जाती है। कई बार उसका सीधे "हाँ" और "ना" में अपनी बात मुझ तक पहुँचा देना भी मुझे जीवन की सादगी और सच्चाई का एहसास कराता है।

मैं अपने **मित्रों** का भी दिल से धन्यवाद करना चाहता हूँ। जीवन में कुछ दोस्त ऐसे होते हैं जो बड़े भाई जैसे होते हैं, जो हर मोड़ पर साथ खड़े रहते हैं। कुछ दोस्त वे होते हैं जो हर समय साथ चलने वाले साथी बन जाते हैं। कुछ ऐसे भी होते हैं जो समय-समय पर सही मार्गदर्शन देते हैं, और कुछ ऐसे जो केवल दो बातें करके मन हल्का कर देते हैं। इन सभी मित्रों का स्नेह और साथ इस यात्रा में मेरे लिए बहुत महत्वपूर्ण रहा है।

अपने विद्यार्थियों के प्रति भी मैं विशेष आभार व्यक्त करना चाहता हूँ। एक शिक्षक तभी सच्चे अर्थों में शिक्षक बनता है, जब उसके पास सीखने-समझने वाले विद्यार्थी हों। विद्यार्थियों के प्रश्न, उनकी जिज्ञासा और उनका उत्साह ही शिक्षक को निरंतर सीखने और आगे बढ़ने के लिए प्रेरित करता है।

अंत में मैं नोशन प्रेस की पूरी टीम का भी धन्यवाद करना चाहता हूँ, जिनके सहयोग और मार्गदर्शन से इस पुस्तक को पाठकों तक पहुँचाने का अवसर मिला।

आप सभी के स्नेह और आशीर्वाद के साथ यह छोटी-सी रचना आप तक पहुँच रही है। आशा है कि यह पाठकों के मन में कुछ विचार, कुछ भाव और कुछ मुस्कान भी छोड़ जाएगी।

धन्यवाद।

कभी ऐसा भी था,
जब समय इतना तीव्र नहीं भागता था।

जब बातें छोटी थीं पर अर्थ बड़े।
नाम कम थे पर लोग ज़्यादा।
साथ होना ज़रूरी था।

जब पेड़ बड़े लगते थे और हम छोटे,
जब धूप में भी खेलना अच्छा लगता था।
जब खेलने पर चोट भी लगती थी,
और माँ की मार भी,
जब शाम का मतलब मोहल्ला होता था।

जब बारिश का मतलब भीगना होता था,
और भीगी मिट्टी की खुशबू,
मन को कहीं भीतर तक भिगो जाती थी।

जब दोस्ती विश्वास से होती थी।
खिलौने कम थे पर खुशियाँ ज़्यादा।
घर छोटे थे पर दिल बड़े।

जीवन इतना जटिल भी नहीं था,
क्योंकि हम जीते ज़्यादा थे और सोचते कम।

बचपन

स्मृति और मासूमियत

हम सबके भीतर एक छोटा-सा आँगन है।

जहाँ कुछ खिलौने, अब भी रखे हैं।

जहाँ हम कभी-कभी खेलने चले जाते हैं।

और लौटते समय बस मन थोड़ा हल्का हो जाता है।

1. वसीयत

चाचा चौधरी, बिल्लू, पिंकी की टेप लगी कॉमिक्स,
एक गेंद, सितोलिया के सात पत्थर,
जो टूटी चीनी के बर्तनों से बने हैं।

एक पिचकारी, एक टिकली चलाने वाली बंदूक,
रबर का एक नीला हाथी,

दो जोड़ी गुड्डे के कपड़े।
एक छोटी टॉर्च, खिलौनों की एक कार,

पानी भरा छोटी चूड़ियों वाला खिलौना।

अष्ट-चंग खेलने का,
पुरानी कॉपी के गत्ते से बना बोर्ड,

गर्मियों की छुट्टियों में खाई,
इमलियों के बीज की बनी गोटियाँ।

व्यापार के नोट और टिकटें,
माचिस के खाली डिब्बे।
छोटे-छोटे हरे रंग के प्लास्टिक के सैनिक,
डिब्बे वाली रेलगाड़ियाँ।

चार रंग में चलने वाली पेन,
मारियो गेम की कैसेट।

टूटे हुए वैक्स कलर
और कुछ पुरानी कॉपियाँ।

महक – होली में दोपहर तक खेले रंगों की।
खुशबू – दिवाली में घर की बनी मिठाई की चाशनी की।

और... खूब सारा खाली समय।

मेरा बचपन मेरे लिए एक वसीयत लिख गया है,
बिना बताए कि कहाँ जा रहा है।
बस मुझे, मुझ ही को थमा कर,
एकदम से चला गया, यह वसीयत देकर।
उसे ढूँढने की कोशिश करूँगा . . . पक्का।

2. बचपन

आज बहुत काम है ऑफिस में,
कभी छुट्टी लेकर बैठ लूँगा।
मेरे खिलौनों से पूछूंगा,
मेरा बचपन कैसा था।

रोता था तब भी,
या परेशान होना अब सीखा हूँ?
मेरा वो टूटा चश्मा बता देगा,
मेरा बचपन कैसा था।

छोटी-छोटी बातों में उलझा रहता था,
या अब उलझनों में पड़ा हूँ?
साँप-सीढ़ी, व्यापार का वो खेल,
बता देगा मेरा बचपन कैसा था।

थक जाता था तब भी,
या अब सच में थक गया हूँ?
लकड़ी का वह बैट बता देगा,
मेरा बचपन कैसा था।

दिल पर बोझ था या नहीं था,
या अब कुछ ज़्यादा ही सोचने लगा हूँ?
मेरे दोस्तों के कंचे, और वो पतंग का मांझा बता देगा, मेरा बचपन कैसा था।

तब भी जागता था रातों को,
या अब नींद नहीं आती?
मेरा वह पुराना वीडियो गेम,
बता देगा मेरा बचपन कैसा था।

तब भी मानता था भगवान को,
या अब मानने लगा हूँ?
गत्ते-पन्नी का वह छोटा मंदिर,
बता देगा मेरा बचपन कैसा था।

3. याद है

कब ये समय निकला,
पता ही नहीं चला।
सुबह-सुबह कोई तुम्हें उठाता था,
कब तुम किसी और को उठाने लगे,
पता चला था क्या?

पड़ोस की दीदी से,
ट्यूशन पढ़ने जाते थे,
कब तुम खुद दीदी-भैया बन गए,
याद है?

याद है, आख़िरी बार,
माँ ने कब स्कूल के लिए उठाया था?
या पापा ने कब जूते पहनाए थे?

याद है आख़िरी बार
कॉपी में "गुड" मिला था?
याद है कब आख़िरी खिलौना लिया था,
जिससे खेला था?

याद है, जब कुछ भूल गए थे बचपन में....
वो भूला कभी याद करना,
भूलना मत।

लेखक की ओर से

बचपन जाता नहीं,
बस रूप बदल लेता है।
खिलौनों से लेकर यादों तक,
और भूलने से लेकर ढूँढने तक,
हम वही रहते हैं,
बस समय आगे बढ़ जाता है।
हमारा बचपन भी हमारे साथ ही जीता है।
और स्मृतियाँ,
स्मृतियाँ हमारे जीवन का, हमारा आधार होती हैं।

प्रकृति

संवाद और समर्पण

प्रकृति हमारे आसपास है, हर जगह।

हम उसका हिस्सा हैं।

हम खुद भी उतने ही प्राकृतिक हैं –
जितनी हवा, जितना पानी,

और जितना आकाश।

4. पहाड़ी दोस्त

आज दोपहर यूँ ही छुट्टी लेकर,
खिड़की के पास बैठा था।
यहाँ-वहाँ देख रहा था,
जाने क्या-क्या सोच रहा था।

तभी एक हवा का झोंका आया।
मैंने उसे रोककर कहा –
थोड़ी देर बैठ जाओ,
दो बातें करके चले जाना।

हवा का झोंका भी,
मेरी ही तबीयत का था, रुक गया।

मैंने पूछा -
कैसा है तुम्हारा शहर?
कैसी हैं बूढ़ी दादी-नानी-सी,
आलती-पालती मारकर बैठी पहाड़ियाँ?

कैसे हैं झूमते पेड़?
मानो गोद में अपने पोते को खिला रहे हों।

कैसी हैं आँगन में खेलती, शोर करती, खिलखिलाती,
गुड़ियों-सी नदियाँ?

क्या अभी भी खिलौने की ज़िद करती हैं?

कैसे हैं स्कूल की छुट्टी के बाद,
यहाँ-वहाँ भागते बच्चों जैसे छोटे-छोटे जानवर?
किसी ठेले के आसपास, झुंड बनाकर खड़े होते होंगे।

और वहाँ की मखमली घास,
किसी अफ़सर के कमरे में लगी,
कालीन-सी साफ़ और मुलायम।

और आप घुमक्कड़-से, फिरते हो यहाँ-वहाँ,
या बादलों की डाँट से, संभल जाते हो?

वह कुछ देर चुप रहा,
फिर बोला –
कहाँ जा पाता हूँ अब वहाँ?
शहर आ गया हूँ।
गाड़ियों के धुएँ में,
खाँसता रहता हूँ।

भीड़ में, अनजाना-सा चलता रहता हूँ।
हाँ, शाम को पार्क में,
थोड़ा पहाड़ याद आ जाता है।
वहां खेलते बच्चे उन खरगोशों जैसे लगते हैं।

फिर मुस्कुराया, एक भीगी-सी झप्पी दी,
और धीरे-धीरे चला गया,
"मिलते हैं" कहकर।

5. पानी

कुछ लिखा था मैंने,
एक डायरी में।

मन की बातें,
कविताएँ, कहानियाँ।

खिड़की खुली थी,
हवा अच्छी चल रही थी।

रात में शायद बारिश हुई।
सुबह उठा तो, सब भीगा था।
मेरी मेज़ भी। डायरी भी।

स्याही बह चुकी थी।
शब्द धुँधले थे,
मानो बारिश चुरा ले गई मेरी कविताएँ।

गुस्सा आया।
फिर देखा, वह पानी,
ज़मीन में उतर रहा था।
शायद मेरे लिए ही रुका था।

नीचे बहती नदियों को,
सुनाने ले गया होगा,
मेरी बातें।

अच्छा है डायरी नहीं ले गया,
कुछ खाली पन्ने अब भी बाकी हैं।

6. पौधा

कुछ दिनों से,
एहसास इकट्ठे हो रहे थे।
आँखों में पानी बनकर।

फिर वही पानी,
दिल की ज़मीन पर बरसा,
और एक छोटा-सा पौधा उग आया।

सोच का पौधा।
हरी-पीली पत्तियाँ,
रंग-बिरंगे फूल।

थोड़े बड़े हो जाएँ,
तो तोड़कर,
अपनी डायरी में दबाकर रख दूँगा।

फिर जब पलटूँगा, डायरी के पन्नों को,
तब सरक-सरक कर सामने आ गिरेंगे,
हल्का-सा रंग लिए,

एहसासों का।

7. मैं घास हूँ

मैं बरगद का पेड़ नहीं,
जो हर जगह फैला रहता है।

मैं तो घास हूँ।
ज़मीन के पास रहता हूँ,
नमी और ठंडक महसूस करता हूँ।

मुझे चाहे रौंद दो,
फिर उग आता हूँ।
सूख जाऊँ तो,
थोड़े से पानी से,
फिर हरा हो जाता हूँ।

मैं घास हूँ।
मुझे छोटा मत समझना।
पूरे मैदानों में फैला हूँ,
पहाड़ों को ढक रखा है मैंने।

तुम्हारे अस्तित्व जैसा,
तुम्हारे विश्वास जैसा,
मैं घास हूँ।

8. फिर रात होती है

दिन भर के बाद,
जब सूरज अपनी ड्यूटी पूरी कर लौटता है,
तो कुछ-कुछ मेरे जैसा लगता है।

आस्तीन चढ़ी हुई,
शर्ट बाहर निकली हुई,
थका हुआ, पर शांत।

खुश होकर मैं भी घर को लौटता हूँ,
कि थोड़ी देर बाद रात होगी,
और सोने को मिलेगा।
रात भी होती है।
और मैं जेब में रखे,
कुछ छुट्टे पैसों जैसे,
करीब छह-साढ़े छह घंटे जोड़ता हूँ।
सोने के लिए।

अक्सर ये छुट्टे पैसों जैसे ही,
कम पड़ जाते हैं।

मोबाइल में अलार्म लगाकर लेटता हूँ।
और रात को महसूस करता हूँ,
अपने आसपास।

भुला देता हूँ जीवन भर की थकान।
धीरे-धीरे निकाल देता हूँ चुभे हुए कुछ शब्द,
जो करवट लेने पर दुख रहे थे।

महसूस करता हूँ, झींगुरों की आवाज़,
जो रात की आवाज़ें हैं,
जिनके बिना रात, रात नहीं लगती।

महसूस करता हूँ,
हल्की-सी ठंड,
पंखे के चलने पर हवा की आवाज़,
गली के कुत्ते का भौंकना,
बाहर आते-जाते लोगों की बातें,
दूर जाती किसी गाड़ी का हॉर्न।

खामोश और सुकून भरे शोर में,
धीरे-धीरे मैं डूबने लगता हूँ।
खो देता हूँ अपने आप को,
अपने ही अंदर के सिफ़र में।
एक छोटा-सा बच्चा बन जाता हूँ,
जिसे कोई सुध ही नहीं रहती।

और रात को,
चादर के साथ ओढ़ कर,
अपने मन के अंदर दुबक जाता हूँ।

बचे हुए छुट्टे गिनते हुए,
जो चाँद धीरे-धीरे,
इस रात के बदले मुझसे लेता जाता है।

9. बारिश

बरसात के दिनों में, मैं यूँ ही बैठा रहता था।
कभी ये, तो कभी वो करता रहता था।
पर मन ही नहीं भरता था।

जब-जब मेरा मन,
बाहर खेलने का करता था,
तब-तब बारिश होती रहती थी।

कभी यहाँ तो कभी वहाँ, हर जगह बारिश ही बारिश।
और मैं बस, एक जगह बैठा रहता था।

बरसात के दिनों में, ऐसा ही होता था।

- कृष्णा सतपाल

लेखक की ओर से

प्रकृति बाहर भी है और भीतर भी।
हवा, पानी, घास – सब कुछ हमसे अलग नहीं।
हम भी प्रकृति का ही विस्तार हैं।
हम में भी वही मिट्टी है और वही नमी।
हम उसी प्रकृति के भीतर हैं।
हम मौसम बदलते देखते हैं,
कभी धूप होती है, कभी बादल भी।

और जो इस प्रकृति को थामे है,
जिसके हाथ में ब्रह्मांड के धागे हैं,
वही हमें भी संभाले हुए है।

कहीं न कहीं, कोई अदृश्य सहारा हमेशा बना रहता है।

शब्द

बिखराव और अर्थ

शब्द बड़े अजीब होते हैं।
किसी के न होते हुए भी
सबके होते हैं।

वे साँस लेते हैं।

उनका अपना एक जीवन होता है।

कभी बिखरे पड़े रहते हैं,
कभी अचानक
पंक्ति बन जाते हैं।

10. बेतुके शब्द

आज जब लिखने बैठा,
तो पन्ने पर शब्द यूँ बिखर गए,
मानो किसी बच्चे ने, खिलौनों की थैली पलट दी हो,
और सब कुछ यहाँ-वहाँ फैल गया हो।

कोई भी शब्द,
लाइन एक-दूसरे से जुड़ी नहीं रही।
और सोच,
सोच का तो कुछ अता-पता ही नहीं।

मेरे शब्द और सोच,
यूँ रूठे बैठे हैं,
जैसे दो दोस्तों की छोटी-सी बात पर,
बहस हो गई हो।

पता नहीं किस बात का गुस्सा है मन में,
या दिन भर की थकान हो चली है।
या फिर मन की बात नहीं हुई,
इसलिए बच्चा-सा रूठ बैठा है,
मानो उसे कोई खिलौना नहीं मिला।

या विचारों की तेज़ बारिश है,
और बारिश की हर बूँद में छिपे शब्द,

इतना शोर कर रहे हैं,
कि कुछ समझ नहीं आ रहा।

पानी यहाँ-वहाँ,
बेतरतीब-सा बहा जा रहा है।
बस इंतज़ार है,
कि बारिश थोड़ी देर में थमे,
और दोनों दोस्त बहस भूलकर,
साथ में चाय पीने जाएँ।

फिर कुछ लिखने-पढ़ने,
सुनने-सुनाने लायक,
इस कागज़ पर उतरेगा।

मेरे दिल से,
मन से, होता हुआ,
मेरे पेन की स्याही तक पहुँचेगा।
और बन जाएँगे कुछ शब्द।

बारिश के बाद वाली ठंड में,
अदरक वाली चाय की खुशबू जैसे,

रंगीन लकीरों से सजे,
लकड़ी के खिलौने जैसे,

बहते पानी की आवाज़ जैसे,
घी से लिपटे गरम बाफलों जैसे।

उस बच्चे की मासूमियत जैसे,
जो बिखरे खिलौनों के बीच बैठा खेलता है।

उस तेज़ बारिश जैसे,
जो गर्मी को एक पल में मिटा देती है,
और मिट्टी की खुशबू में समा जाती है।

कभी-कभी,
बेतुका लिखना भी,
ज़रूरी होता है।

11. मैं कोई कवि नहीं

मैं तो बस....
हर जगह मिलने वाले शब्दों को रख लेता हूँ कागज़ पर।
जेब में पड़ी मात्राएँ उठाकर,
यहाँ-वहाँ लगा देता हूँ।

ये अलंकार, श्लेष, यमक,
शोरूम में रखे फोन जैसे,
मेरी पहुँच से दूर हैं।

मेरे शब्द तो अख़बार में लिपटे चना जोर गरम जैसे हैं,
दस रुपये वाले।

मैं कवि नहीं।
कवि तो ऐसा गोताखोर है,
जो सोच के गहरे समंदर से,
रंग-बिरंगे पत्थर और मोती चुन लाता है,
अपनी कविताओं को सहेजने, सजाने के लिए।

मैं तो किनारे बैठा,
लहरें और डूबते सूरज को ताकता रहता हूँ,
और घर से फोन आ जाता है।

मैं कोई कवि नहीं।

कवि तो गरम मसाले से महकती बिरयानी बना लेते हैं,
मीठे में नए-नए स्वाद वाली नरम मिठाइयों के साथ।

मैं तो घर पर कभी-कभी,
अदरक वाली चाय बना लेता हूँ। बस...

नहीं, मैं कोई कवि नहीं।
कवि तो एहसासों को,
मौसम को,
मसलों को,
पिघलाकर शब्दों में भर देता है।

मैं सोच-सोच कर शब्दों को मिलाने ही वाला होता हूँ,
कि मेरे पेन की स्याही खत्म हो जाती है।

नहीं, मैं कोई कवि नहीं।

12. कविता क्या है

जो दिलों को छू ले, वो कविता है।

जो दिलों में उतर जाए,
वो कविता है।

जो छिपे शब्दों में, बहुत कुछ कह जाए,
वो कविता है।

जिसे सुनकर आँखों में प्यार उतर आए,
वो कविता है।

जो अनजान चेहरों पर एक मीठी-सी मुस्कान ले आए,
वो कविता है।

जो आँखें भिगोकर दिल में अरमान जगा जाए,
वो कविता है।

शब्दों का एक गुलदस्ता है कविता,
बच्चे की किताबों से भरा बस्ता है कविता।

कभी तीखा वार है कविता,
कभी दिल से दिल की तार है कविता।

13. किताबें

सो जा जाता था जिन किताबों की गोद में मैं,
वह किताबें मेरी अब बूढी हो गई है,
अपनी उम्र के पहले ही।
रंग उड़ गया है और आज-कल चुपचाप बैठी रहती हैं।

कभी टेबल से तो कभी बोरे से झांक कर देखती हैं,
ढूंढती है मुझे मुझसे बातें करने के लिए।

बहुत कुछ होता है उनके पास बोलने के लिए,
आजकल मैं उनके साथ नहीं बैठता।

क्योंकि एक बार जो किताबें बात करने बैठीं,
तो उनकी बात काटने की हिम्मत नहीं होती।
और मेरे पास इतना टाइम कहां,
जो उनके साथ बैठ कर उनकी बकबक सुनु।

मैं तो उनसे नजरें चुराकर चलता रहता हूं घर में।

मेरा पूरा टाइम तो जेब में पड़े,
बैटरी से चलने वाले झुंझुने,
और पर्स में पड़े प्लास्टिक के कार्ड में खर्च हो जाता है।

आज शाम को जब घर लौटा तो,

किताबों ने मुझे देखा ही नहीं।

खुश थी आज बहुत तैयार हुए बैठी थी,
फिर रात में इधर-उधर के कामों से फ्री हुआ,
तो अंदर के कमरे में कुछ आवाजें आई।

मैंने हल्के से झांककर देखा,
तो किताबें मेरे बेटे से बतिया रही थी।
थोड़ी देर बाद तो मेरा बेटा भी,
उनकी गोद में ही सो गया था।

और किताब,
मुस्कुराते हुए प्यार से सहला रही थी उसके बालों को।

अब भी बात कर रही थी उससे उसके मन में जाने कैसे।

लेखक की ओर से

शब्द अभिव्यक्ति का माध्यम हैं,
उनसे गुजरकर भाव भीतर तक पहुँच जाते हैं।
शब्दों के अनेक रूप होते हैं,
हर व्यक्ति के लिए वही शब्द अलग अर्थ ले लेते हैं।

ध्यान से सोचें तो लगता है,
हमारा जीवन
शब्दों के ताने-बाने में ही बुना हुआ है।

न जाने शब्द कहाँ जन्मे होंगे,
और न जाने कब मनुष्य ने उन्हें अर्थ देना शुरू किया होगा।

शब्दों के पीछे छिपे भाव,
कभी शब्दों से अलग होते हैं,
कभी उन्हीं के साथ चलते हैं।

कभी भावों को दिल तक पहुँचाने के लिए

शब्दों की आवश्यकता होती है,
और कभी भाव बिना शब्दों के ही पहुँच जाते हैं।
शब्दों, भावों और अभिव्यक्ति की,
अपनी एक अलग ही दुनिया होती है।

स्नेह

साथ, स्वीकार और स्नेह

स्नेह शोर नहीं करता।
वह घोषणा नहीं करता, दावा नहीं करता।
वह बस साथ चलता है ।
न पूछता है, न कोई अपेक्षा रखता है।

वह आग्रह नहीं करता,
बस उपस्थित रहता है।

कभी एक मुस्कान में,
कभी एक शब्द में,
और कभी सिर्फ़ मौन स्वीकार में।

स्वीकार ही स्नेह का स्वभाव है,
जैसे कोई कहे बिना समझ ले,
और समझकर भी जताए नहीं।

14. जाने क्या हो जाता

तुम्हारी महकती आंखों से क्या कुछ बता देती हो,
जो कुछ बोल देती तो जाने क्या हो जाता।

तुम यादों में आती हो तो दिल धड़कना भूल जाता है,
सामने आ जाती तो जाने क्या हो जाता।

जो मांगू कुछ खुदा से तो वह मुस्कुरा सब दे देता है,
अगर तुम्हें मांग लेता तो जाने क्या हो जाता।

15. साइंस झूठा है

तो तू "लॉ ऑफ ग्रैविटी" को झुटला देती है,
दिल से सीधे होठों तक, स्माइल बन कर चली आती है।

"एवरी एक्शन हैज़ इक्वल एंड अपोज़िट रिएक्शन",
पर मुझे गुस्सा आता है, तू प्यार कैसे जताती है।

$E = mc^2$ कहता है,
"एटम बॉम्ब" के लिए भी बहुत "मास" चाहिए,
तू तो फूलों सी है,
हजारों का कत्ल एक नजर से कर जाती है।

बहुत "कॉम्प्लिकेटेड" है,
"मैक्सवेल" की "इलेक्ट्रोमैग्नेटिक इक्वेशन"।
तू जाने कैसे "डायरेक्ट",
मन से मन का "कनेक्शन" जोड़ जाती है।

"अल्बर्ट आइंस्टीन, स्टीफन हॉकिंग" और "क्वांटम थ्योरी",
कहते हैं कि "टाइम ट्रैवल" सिर्फ "थ्योरिटिकली पॉसिबल" है।
तू एक स्माइल में "पास्ट-प्रेज़ेंट-फ्यूचर" को महसूस कराती है।

"फोर्थ डाइमेंशन" और "मल्टीवर्स" हो न हो,
तू जब साथ होती है, एक अलग ही दुनिया में ले जाती है।

16. कविता

इंसानों की तरह कविताएँ भी होती हैं,
अलग-अलग तरह की।

सोलह रंगों को समेटे हुए,
इंसान की तरह उनका जीवन भी है।
उतार-चढ़ाव से भरा हुआ,
नव रसों से सजा।

कविताएँ भी अलग-अलग जीवन जीती हैं।
कुछ मंच पर सजती हैं।
कुछ... कुछ यहाँ-वहाँ भटकती हैं।

मेरे पास भी कुछ कविताएँ हैं,
या शायद मेरा जीवन भी एक कविता है।

और तुम...
तुम भी एक अलौकिक कविता का हिस्सा हो।
और मेरे जीवन-गीत का हिस्सा भी,
एक खास हिस्सा।

रंगों से भरा, रसों से सजा,
हास्य -प्रेम, सारे रस तुमसे।

तुम भी एक कविता हो।

मेरे जीवन में, मेरे जीवन की।
इस कविता में तुम्हारा भी शब्द है।

सभी शब्दों का सार, सभी रस, सभी रंग
एक शब्द में... नंदिनी।

17. उपहार

कुछ दिनों से सोच रहा था कि तुम्हें कुछ दूँ,
पर कुछ समझ नहीं आ रहा था ।

रास्ते पर आते-जाते, दुकानों के अंदर झांक-झांक कर,
देखा करता था चीज़ें ।

किसी के घर भी जाता था, तो मन-ही-मन,
टटोलता रहता था कि वो देने लायक हो सकता है,
तो खरीद लूंगा ।

बहुत कुछ देखा मैंने,
रंगीन कपड़े, घड़ियाँ, पेन, सेंट की बोतल।

कपड़े तो तुम्हारे पास होंगे,
और मेरे चुने हुए, पसंद ना आए तो?

घड़ी, घड़ी तो नहीं।

पेन तो तुम मुझे ही लौटा दोगी,
यह कह कर कि लिखते तो तुम ही हो।
मैं क्या करूँ पेन का?

खुशबू से तो तुम्हारे सर में दर्द होता है कभी-कभी ।

और पसंद ना आए फिर?
कुछ और सोचते-सोचते, घर लौट रहा था,
तो एक घर के बाहर आंगन में,
फ्रॉक पहने एक छोटी सी लड़की हाथ से बना कुछ टांग रही थी।

रंग-बिरंगा सा, चमकीले कागज से बना,
कुछ धागों पर सितारे लटक रहे थे,
कुछ पुराने स्केच पेन भी थे, पन्नियों से सजा रखा था।
अपना पूरा मन लगा दिया था उसने,
अपनी सोच को,
एक प्यारा सा झूमर बना के आंगन में टांग लिया था।

मैं तो देखता ही रह गया,
वहीं खड़ा हो गया,
उसने झूमर टांग के अनजाने में ही मुझे देखा....

मेरी उंगलियाँ और अंगूठा,
अपने आप ही "बहुत बढ़िया" वाली मुद्रा में जुड़ गया।
और मैंने मन से ही उसे "बहुत सुंदर" कहा।

उसकी मुस्कान और बचपने से गर्दन हिलाने के साथ, उसका "थैंक्यू" मैंने मेरे मन में बहुत अच्छे से सुन लिया था।

ऐसे ही कुछ तुम्हें देने की सोची,
पर मेरे पास तो मेरे पेन में रखे शब्द ही होते हैं,
रंगों से सजे, खुशबू से महकते ।

उस झूमर जैसे ही कुछ तुम्हें दे रहा हूँ ।

"तुम बहुत अच्छी हो"
सच में... बहुत अच्छी।
वैसे तो फॉर्मेलिटी के लिए पूछ रहा हूँ,
शब्दों का रंग तो ठीक है ना?

नहीं तो बदल दूंगा... कुछ नए बना दूंगा।
पेन में अभी काफी स्याही भरी हुई है।

18. आखिरी शब्द

दिल के आखिरी बार धड़कने के बाद,
एक धड़कन जरूर आएगी,
तेरे लिए, तेरे नाम की...

सांस जब थमने को होगी और गले में चुभ रही होगी,
उस आखिरी सांस के बाद एक सांस जरूर आएगी,
तेरी खुशबू से महकी हुई,
तेरे नाम की.....

सूखी आंखें जब बंद होने को होंगी,
अंधेरा और उजाला एक साथ देख रहा होगा,
आंखें मूंदने के पहले तेरा चेहरा जरूर देखूंगा।

होठ सूख जाएंगे और कुछ कह नहीं पाऊंगा,
अपनी जीभ होठों पर फिरा कर,
ऊपरवाले का नाम लेने के बाद,

टूटा सा ही सही,
तेरा नाम जरूर लूंगा।

और फिर उस ऊपर वाले से कहूंगा,
मेरी आत्मा से यादों को मत मिटाना।

तेरे प्यार को अपने साथ ले जाऊंगा,
अगली बार के लिए भी.....

...पक्का

लेखक की ओर से

स्नेह में शर्त नहीं होती।
वह बस साथ होता है।
कभी मुस्कान में, कभी चुप्पी में।

जो बिना कहे समझ ले,वही सबसे सच्चा रिश्ता होता है।
वह तर्क से परे चला जाता है,
उपहार बनकर नहीं आता,
बस उपस्थित रहकर सब कह देता है।

स्नेह जीवन के साथ चलता है,
और मृत्यु की देहरी तक साथ रहता है।
कुछ नाम ऐसे होते हैं,
जो आख़िरी साँस के बाद भी छूटते नहीं।

अंतर्यात्रा

आस्था, प्रतीक्षा और संघर्ष

यात्राएँ केवल बाहर ही नहीं होतीं,
कुछ यात्राएँ भीतर भी होती हैं।

भीतर की इस यात्रा को
अक्सर अनदेखा कर दिया जाता है।

इस अंतर्यात्रा में भी
प्रतीक्षा है, संघर्ष है।
आस्था कई बार
टूटने को होती है,
पर टूटती नहीं।

यही भीतर की यात्रा
धीरे-धीरे
हमें हमारे ही करीब ले आती है।

19. ज़िंदगी

हर दिल में धुआँ, हर आस्तीन में खंजर निकला,
ढूँढ रहा था जिसे, मैं ही वो दगाबाज़ निकला।

तन्हाइयों की भीड़ में सुनाई दे रही थी जिस की गूँज,
मेरा दिल ही वो दर्द भरा साज़ निकला।

आग के दरिया में जाने को कोई ना था राज़ी,
लाशों के बीच उसमें डूबने को मैं ही वो जाँबाज़ निकला।

महसूस हुआ कि अब हार चुका है मेरा हौसला,
एक अधूरा रिश्ता उम्मीदों का परवाज़ निकला।

माँगता हूँ ऊपरवाले से जिसे, तरसती है जिस मंज़र को आँखें,
मेरे दिल का एक पाक ख़याल, झूठी दुनिया के लिए नासाज़ निकला।

20. अभी भी बैठे हैं

बहारें चली गई हैं और हम कुछ पत्तियाँ हरी लिए बैठे हैं।
हर कोई जा चुका है इंतज़ार करके,
हम अब भी आँखें भरी लिए बैठे हैं।

हाट खत्म हो गया,
बाज़ार भी बंद है।
हम अब भी दुकान लेकर बैठे हैं।

तू चलाता है दुनिया को,
प्रेम देने वाले,
चाँद, सूरज वाले, आसमाँ वाले,
दिनों और रातों वाले,

मिलने आ जा या बुला ले,
हम भी कुछ बातें लिए बैठे हैं।

21. यह दिल भी अजीब है

कोई पास होकर भी पास नहीं है,
कोई दूर होकर भी करीब है।
यह मेरा दिल भी बहुत अजीब है।

जो मिलता है तो कहता है कि नहीं चाहिए,
जो ना मिले तो कहता मुझसे तू बड़ा बदनसीब है।
यह मेरा दिल भी बहुत अजीब है।

अनजान चेहरों को कहता फिरता कातिल है,
जो कातिल है, उसे कहता रकीब है।
यह दिल भी बहुत अजीब है।

जो है ही नहीं इन लकीरों में,
उसे मांगता बार-बार खुदा से है।
यह मेरा दिल,
कमबख्त बहुत अजीब है।

रकीब - वह व्यक्ति जो उसी व्यक्ति से प्रेम करता हो जिससे आप प्रेम करते हैं।

22. रात

यह रात आकर मुझे जगा देती है,
ख्वाबों को बाहर इंतज़ार करते देखा है मैंने।

कभी-कभी फूल भी चुभ जाते हैं,
अक्सर जज़्बातों को औज़ार बनते देखा है मैंने।

बे-बाहा तो यहाँ कुछ भी नहीं है,
कीमत की बात है,
हर चीज़ को बाज़ार में बिकते देखा है मैंने।

मत कहना निकम्मा किसी को तुम,
मुफ़लिसों को भी फनकार बनते देखा है मैंने।

तजुर्बेकार तो कोई भी नहीं होता, कोई मज़बूत नहीं है,
बूढ़ों को भी टूटे खिलौने पर रोते देखा है मैंने।

कोई तो है वहाँ ऊपर,
सूखी, दरकती ज़मीन को गुलज़ार होते देखा है मैंने।

बे-बाहा - जिसका कोई मूल्य न लगाया जा सके / अनमोल

23. सुकून

जब मिलूँगा ऐ ऊपरवाले तुझसे...

तुझे शुक्रिया कहूँगा...
शिकायत भी करूँगा...

अपनी बदतमीज़ियों के लिए तुझसे माफी मांगूँगा।

फिर तेरे सामने बैठ कर,
अपना चश्मा उतार कर,
और फिर नज़रें मिलाकर,
हाथ पकड़ कर,
तुझ से कुछ सवाल करूँगा।

और जब तू बात करेगा,
तब शायद.....
मुझे सुकून ज़रूर मिलेगा।

लेखक की ओर से

अंतर्यात्रा दिखाई नहीं देती।
उसके कोई निशान बाहर नहीं मिलते।

प्रश्न भीतर उठते हैं,
कभी कभी उत्तर देर से आते हैं।
कभी प्रतीक्षा ही विश्वास बन जाती है।

संघर्ष अक्सर दुनिया से कम,
अपने आप से ज़्यादा होता है।

अँधेरे भी उतरते हैं,
पर हर अँधेरे में,
एक छोटा-सा उजाला छिपा रहता है।

भीतर की यह यात्रा ही,
हमारी आध्यात्मिक यात्रा बन जाती है।

दौर

कटाक्ष और सवाल

बातें बदलती हैं,
पर सवाल वहीं रहते हैं।

कभी सच छिपा होता है,
कभी सच ही कटाक्ष बन जाता है।

जो दिख रहा है, वही पूरा नहीं है,
और जो नहीं दिख रहा,
वही सत्य के सबसे अधिक समीप होता है।

तकनीक बदल जाए,
जीने के तरीके बदल जाएँ,
क्या उसी को दौर का बदलना कहते हैं,
या वह सिर्फ़ एक परिवर्तन है?

24. दौर

सस्ते में बिक जाओगे बाजारों में,
आजकल सादगी रखने का दौर नहीं है।

मैं यह हूँ, मैं वह हूँ, हर कोई खुदा बन बैठा है,
आजकल इंसान होने का दौर नहीं है।

मज़ाक भी सोच समझ कर करना,
एक बार कोई जो रूठा तो फिर मान जाने का दौर नहीं है।

जेबें भरकर कपड़े साफ रखना,
अपने दिल साफ रख कर खुश होने का दौर नहीं है।

तुम भी आकर सो जाना,
अब इंतज़ार करने का दौर नहीं है।

क्यों घिसता है कलम अपनी, गरीब शायर,
आजकल सुनने-सुनाने का दौर नहीं है।

सबने अपनी ज़बान पर ज़हर रखा हुआ है,
दो घड़ी मीठी बातें करने का दौर नहीं है।

अच्छा-बुरा करके घूमते हैं बाजारों में,
मुँह छिपाने का दौर नहीं है।

तबीयत कैसी है पड़ोस वाले की,
पूछ कर आने का दौर नहीं है।

माफ कर देना गलतियों को मेरी ऊपर वाले,
अरे माफ़ी तो छोड़ो उसके घर आने-जाने का दौर नहीं है।

25. तुम्हें पता है

जिसकी तारीफ तुम करते फिरते हो सुबह से शाम तक,
तुम्हें क्या लगता है चोरी नहीं करता?
करता तो है साहब, पर रात में करता है,
दिन में नहीं करता।

वह जो चुपचाप बैठा है हाथ बाँधे क्या लगता है,
बातें नहीं करता,
करता है बहुत करता है,
पर आँखों से करता है, होठो से नहीं करता।

वह जो लोहे सा दिल लिए बैठा है क्या लगता है वह नहीं रोता,
रोता है वह भी, पर छुप-छुप के रोता है।
सबके सामने नहीं रोता।

वह जो दूर है, दूर वाला है,
क्या लगता है साथ नहीं देता?
देता है साथ, हर कदम पर देता है,
पर साथ नहीं रहता।

वह जो हार गया है,
मायूस बैठा है क्या लगता है, लड़ने नहीं जाता?
जाता है वह रोज, मगर ज्यादा दूर नहीं जाता।

मुझे समझाते हो बार-बार, नासमझ समझ कर
क्या समझते हो, कि तुम्हारी बातों से फर्क नहीं पड़ता?

पड़ता है फर्क, ज़रूर पड़ता है.....
मगर ज्यादा नहीं पड़ता।

26. तू कहाँ नहीं है

हर ज़र्रे में खुशबू है तेरी,
ऐसी कोई जगह नहीं जा तेरा निशान नहीं है ।

कहाँ पर जाकर ख़ता करूँ मैं,
बता दे मुझको तू कहाँ नहीं है ।

अपने जुनून में चैन को ढूँढ लो,
क्यों फिरते हो बेचैनी लेकर ।
सबको चैन मिला पर मुझे नहीं मिला,
शायद मैंने जहाँ ढूँढा वहाँ नहीं है ।

कतरा-कतरा करके खुद को उसे दे दिया,
उसके सपने ना देखें ऐसी कोई रात नहीं है,
और वह कहते हैं कि तुम बातें तो अच्छी बना लेते हो,
पर तुम में वह बात नहीं है ।

साफ कपड़े पहनकर,
ऊपर वाले के घर के मालिक बन बैठे हैं,
जिनकी खुद की कोई जात नहीं है।
मुझे सीढ़ी पर ही रोक देते हैं,
ये बोलकर, कि अंदर मत आ,
अंदर आने की तेरी औकात नहीं है ।

खून-पसीना बहाकर गुलामी करता हूँ,
ऐसे जैसे दिन दिन नहीं है,
रात रात नहीं है ।
तू करता ही क्या है, बोलकर,
और मुझे बातें सुना कर, चार पैसे देते हो,
अरे मेरा हक है, खैरात नहीं है ।

अब तो बता दे, तू कहाँ नहीं है ।

27. कैसा लगता है

दूसरों के हिसाब से सही-गलत की तराज़ू में,
अपने आप को तोलते-तोलते थक गया हूँ ।

सोचता हूँ तोड़ दूँ अब इस तराज़ू को,
और देखूँ कि साँस लेना कैसा लगता है ।

इस दुनिया के अजीब कायदों की तीखी तारों में,
मेरे फँसे जूते निकालते-निकालते खुद उलझ गया हूँ ।

सोचता हूँ अब तो काट ही डालूँ उन उलझी तारों को,
और देखूँ कि नंगे पैर भागना कैसा लगता है ।

कोई खूनी है तो कोई दोस्त,
पचास बार मरता-जीता हूँ दिन भर में मैं,

सोचता हूँ कि बस अब बहुत हो चुका है,
जी लूँ मेरी ज़िंदगी,
और देखूँ कि जिंदा होना कैसा लगता है ।

लेखक की ओर से

सादगी और सच हमेशा से ही कठिन रहे हैं।
जो चुप है,
वह भी बहुत कुछ कह रहा होता है।
और जो बोल रहा है,
शायद वह भी पूरी बात कह नहीं पा रहा।
क्या सच में समय बदलता है?
या बस सोच की एक और परत चढ़ जाती है।
पहले की बातें धीरे-धीरे पुरानी हो जाती हैं।

कटाक्ष कभी हथियार होता है, कभी आईना।
और जो सीधा है, साफ़ है,
उसे ही सच कहते हैं।
और वही हमें याद दिलाता है कि हम अब भी जीवित हैं।

समय के गुजरने के साथ सच समझ आने लगता है,
अनुभव बढ़ता जाता है,
और परिपक्वता आते-आते लगने लगता है कि,

दौर बदल रहा है।

यश

स्वयं, संग-साथ और सच्चा मूल्य

दुनिया जिसे उपलब्धि कहती है,
वह अक्सर क्षणिक होती है।
पर जो संबंध समय की धूप-छाँव में साथ चलते हैं,
वही सच्चे रिश्ते होते हैं।

जो साथ बिना शर्त खड़ा रहे,
जो गिरने पर भी हाथ न छोड़े,
जो समय की मार से भी हल्का न पड़े, वही मूल्यवान होता है।

जीवन धीरे-धीरे यह समझाता है

कि जिसे हम बाहर तलाशते हैं,
वह भीतर ही छिपा होता है।

स्वयं से साक्षात्कार ही जीवन की सबसे गहरी यात्रा है।

और बिना शब्दों के,
किसी का साथ बना रहना,
यही जीवन की सबसे बड़ी कमाई है।

28. कौन हूँ मैं

एक असीमित सा आसमान,
एक फैलता गुब्बारा,
और एक घूमती हुई फिरकी, रंग-बिरंगी,
जिसके साथ कई सारी रोशनी के पुंज घूम रहे हैं,
मानो नाच रहे हैं खुश होकर ।

एक ऐसी फिरकी के कोने पर है एक धूल का कण ।
उस छोटे से कण से कई गुना छोटा मेरा अस्तित्व ।

और मेरे इस अस्तित्व का एक छोटा सा...
सूक्ष्म सा हिस्सा,
मेरा मन, मेरे विचार ।

जो एक तरफ से, एक सिरे से,
इस भौतिक और असीमित शंकु से जुड़ा हुआ है ।
और दूसरे सिरे से मेरे अनंत सोच के शंकु से ।

इन दो अनंत सिरों को जोड़ता मेरा अस्तित्व,
वो स्पर्श-बिंदु जिसे जीवन कहते हैं ।

29. अजय

थोड़ा धीमा चलता हूँ कभी-कभी,
पर थका नहीं हूँ ।

बैठ जाता हूँ प्यास लगती है तो पानी पीने को,
पर अभी रुका नहीं हूँ ।

डरो मत रात नहीं हुई है, बादल हैं, गुजर जाएंगे,
मैं उजाला हूँ अंधेरा नहीं हूँ ।

ठोकर भी खा चुका हूँ, लहरों के थपेड़ों में स्थिर खड़ा हूँ,
पुराना हूँ नया नहीं हूँ ।

यूँ तो सोच का कोई सामी नहीं,
पर तुम मुझे नाप सकते हो, कम ही हूँ,
ज्यादा नहीं हूँ ।

कौन हूँ मैं? मैं क्या हूँ?
विश्वास हूँ,
डर नहीं हूँ ।

पानी हूँ ।
आकार नहीं हूँ ।

मैं यह भी हूँ, मैं वह भी हूँ, मैं सब कुछ हूँ,
मैं कुछ भी कर सकता हूँ,
पर हार नहीं सकता, कोई हरा भी नहीं सकता,
क्योंकि मैं, मैं अजय हूँ ।

30. तू बढ़ता चल

तू वीर है, तू बढ़ता चल ।
तू सत्य अमिट, तू सत्य अटल ।
तू बढ़ता चल ।

अपने क्रोध को तू ना दबा, उस क्रोध की मशाल बना,
अपनी बेड़ियों को तू जला,
अब खुद ना जल,
तू बढ़ता चल ।

जो सीने पे तेरे पैर रखकर है खड़ा,
जो तुझे जोर से हर पल दबा रहा,

हुंकार भर, चिंघाड़ जरा,
पूरे जोश से उठ जा जरा,

चीर दे तू उसकी छाती,
सह मत, अब वार कर,
तू बढ़ता चल ।

ब्रह्मांड को जो भस्म करे, तेरी आँखों में तेज है,
साँसें तेरी तूफान हैं ।
शब्द तीर-कमान हैं ।

खुद पर तू विश्वास कर, डर मत आवाज कर,
तू बढ़ता चल ।

तू कृष्ण की बात कर, निहत्थों पर वार कर ।
ज्ञान को तू शस्त्र बना, भरोसे को अस्त्र कर ।
देख सामने और युद्ध कर,
तू बढ़ता चल........ तू बढ़ता चल ।

31. शौर्य

तुम सब कर सकते हो,
सोचो मत, बस कर जाओ ।

समंदर बड़ा है,
लहरें विशाल हैं, तूफान भी हैं, आगे अंधेरा भी है,
और नाव माना छोटी है,
तुम हौसले की कनात बाँधो,
और चढ़ जाओ ।

उतार-चढ़ाव बहुत है,
पथरीला रास्ता है,
ठोकर खाकर गिर गए हो,
कोई बात नहीं,
उठो अब,
कपड़े झाड़ो,
और आगे बढ़ जाओ ।

32. यश

जीवन भर सोचता रहा, मुझे यश कैसे मिलेगा,
उसके पीछे भागता रहा, हाथ-पैर मारता रहा ।

कितनी ही बार, दिवा-स्वप्न में जीता रहा,
फिर थोड़ा जागा, तो कोशिश शुरू की,
यश प्राप्ति की,
पर यश मिला नहीं ।

एक दिन फिर, जीवन के हिसाब-किताब को लेकर बैठा,
और समझ में आया,
मैं तो यश के पीछे भागता रहा,
और मेरा "यश",
यश मेरे साथ चलता रहा ।

हर दम, हर पल, हर उतार-चढ़ाव में,
उसने साथ दिया है ।

लोगों को यश मिलता है, मैंने यश को पाया है।
यश शायद उपलब्धि हो, पर मैंने यश निभाया है।

और मुझे पता है...
कि मुझे मेरा "यश" मिल चुका है ।

33. भूल जाता हूँ

आजकल जाने क्यों,
कुछ बातें भूल जाता हूँ।

जो काम करने हों,
वो काम, कुछ ज़रूरी, कुछ आसान,
सब भूल जाता हूँ।

घर से निकलने के पहले,
घड़ी भूल जाता हूँ,
रूमाल भूल जाता हूँ,
मोबाइल भूल जाता हूँ,
चाबियाँ भूल जाता हूँ।

और ये चाबियाँ, घड़ी, रूमाल, काग़ज़,
तो मानो,
मेरे साथ लुका-छिपी का खेल खेलते हैं।

जैसे मंदिर में छोटे बच्चे खेलते हैं,
वैसे ही।
मैं दाम दिए चला जाता हूँ,
कम्बख़्त कोई मिलता ही नहीं।

अब तो लगने लगा है कि,

घड़ी ही नहीं,
वक़्त भी भूल जाता हूँ।

दिन भर के कुछ घंटे,
जाने कहाँ खो जाते हैं।

टिफ़िन भूलता था – ठीक था,
कभी-कभी तो,
खाना ही भूल जाता हूँ।

और टेलीफ़ोन –
हाँ, मोबाइल की बात कर रहा हूँ,
उसे तो अक्सर यहाँ-वहाँ रखकर भूल जाता था।

पर अब तो....
दोस्तों से बातें करना भी भूल जाता हूँ।

पाँच मिनट करते-करते,
पूरा दिन निकाल देता हूँ,
पर वो पाँच मिनट,
उन्हें भूल जाता हूँ।

यही नहीं, आजकल तो,
शाम तक कोई जो भला-बुरा कह दे,
उसे भी भूल जाता हूँ।

शाम को रेडियो पर गाना सुनते-सुनते,

एक शख़्स याद आता है,
खुद मैं।

शाम तक तो खुद को ही भूल जाता हूँ।

दिन भर खाने-कमाने,
रिश्तों में अपने आप को फिट करने की होड़ में,
एक पुर्जा बन जाता हूँ।

और फिर थोड़ी देर में फ़ोन बजता है,
मेरे दोस्तों का,
वो पाँच मिनट वाले।

फिर उनसे मिलने निकलता हूँ।
और सच कहूँ,
जब उनसे मिलता हूँ,

तो सब कुछ,
हाँ सब कुछ......

.....भूल जाता हूँ।

लेखक की ओर से

हम जीवन भर कुछ पाने के पीछे दौड़ते रहते हैं,
नाम, पहचान, प्रसिद्धि।

पर कभी-कभी यश प्रसिद्धि में नहीं मिलता।
यश तो वह है जो हमारे साथ चलता है,
जो हमारे साथ रास्ते पर होता है।

समय के साथ एक बात समझ में आती है,
जिसे हम खोज रहे थे,
वह कोई भावना भर नहीं थी।

वह उन भावनाओं से बना
एक व्यक्ति है।
आपका अपना मित्र,
जो हर कदम पर साथ होता है।

दिनभर की आपाधापी और तनाव में
हम बहुत-सी छोटी-छोटी खुशियाँ भूल जाते हैं।

दोस्तों की बातें, उनकी मीठी गालियाँ,
उनका मज़ाक और हँसी मन पर मरहम का काम करते हैं।
और समझ में आता है,
कि जीवन में सबसे बड़ी उपलब्धि, नाम कमाने में नहीं,
बल्कि ऐसे दोस्तों को पाने में है,
जो हर रास्ते पर आपके साथ चलें।

समर्पित – राहत इंदौरी

राहत इंदौरी सिर्फ़ एक शायर नहीं थे, वे मंच की धड़कन थे। उनकी आवाज़ में एक ज़ोर था, एक ताप था, जो सुनने वाले को भीतर तक हिला देता था। उनकी पंक्तियाँ – *"बुलाती है मगर जाने का नहीं"*, *"किसी के बाप का हिंदुस्तान थोड़ी है"* – केवल शेर नहीं, समय से सीधी बातचीत थीं। उनके प्रमुख संग्रहों में 'धूप-धूप', 'नाराज़', 'मौजूद', और 'हम सब पर भारी है' जैसी कृतियाँ शामिल हैं, जिनमें प्रेम भी है, प्रतिरोध भी, और चेतना भी।

वे मुशायरों को जीते थे। उनके शब्द नारे भी बनते थे और नर्म इज़हार भी। उनकी अनुपस्थिति एक ऐसा रिक्त स्थान है जो भरा नहीं जा सकता, क्योंकि वह सिर्फ़ एक व्यक्ति का जाना नहीं था, वह एक स्वर का थम जाना था।

उनका पढ़ने का अंदाज़ अलग था। आवाज़ ऊँची होती थी, मगर अहंकार नहीं होता था। हर मिसरा जैसे सीधे सामने बैठे शख़्स से कहा जा रहा हो। वे रुकते थे, देखते थे, फिर वार करते थे ।

हैरानी की बात यह थी कि उन्हें अपनी लगभग सारी रचनाएँ याद रहती थीं। काग़ज़ की ज़रूरत कम ही पड़ती थी। जैसे शब्द बाहर से नहीं, भीतर से उठ रहे हों।

और उनकी वह हँसी...

तेज़, खुली, बेधड़क, वह भी एक राहत देती थी।

ऐसा लगता था जैसे कह रहे हों, “डरो मत, बात अभी ज़िंदा है। उनकी पंक्तियाँ काग़ज़ पर नहीं, लोगों के दिलों पर लिखी हुई हैं।

जैसे उनका वह शेर –

"मैंने जिस ताक पर, कुछ टूटे दीये रखे हैं,

चांद-तारों को ले जाकर, वहीं पर रख दो!"

यह उनका अंदाज़ था, ज़मीन पर खड़े होकर आसमान से बात करने का। आज मंच सजते हैं, मुशायरे होते हैं, पर वह ठहराव, वह ताप, वह सीधा संवाद, वह जगह अब भी खाली है।

कुछ आवाज़ें जाती नहीं, बस गूंज बन जाती हैं।

राहत

उसकी कविताएँ साँस लेती थीं,
कविताओं की जान साथ ले गया,
कविताएँ अपनी वो छोड़ गया।

हाँ, "हिंदुस्तान किसी के बाप का नहीं",
कहकर, अपना हिंदोस्तान वो छोड़ गया।

अपने हुजरे में आसमान रख दिया था उसने,
और ताक पर टूटे दीयों के साथ सितारे।
टूटे दिए तो ले गया,
सितारे वो छोड़ गया।

माथे पर "हिंदुस्तानी" लिखवाए,
रंगों में शब्द सजाना सिखा गया।
रंगों की खुशबू ले गया,
रंग यहीं छोड़ गया।

एक ज़ोर था उसमें,
एक दौर था उसका।
वो दौर अपना छोड़ गया।

वो इंदौर की जान – इंदौरी,
अपना इंदौर छोड़ गया।

लेखक परिचय

मनीष सतपाल (धैर्य) पेशे से एक शिक्षक हैं और वर्तमान में सहायक प्राध्यापक के रूप में कार्यरत हैं। वे लंबे समय तक कंप्यूटर और तकनीक के क्षेत्र से भी जुड़े रहे। वे शिक्षा, प्रबंधन तथा आधुनिक तकनीक के क्षेत्र से जुड़े एक सक्रिय शिक्षाविद्, प्रशिक्षक और चिंतक हैं। शिक्षा के क्षेत्र में उनका प्रमुख जुड़ाव **विपणन (Marketing), सूचना प्रौद्योगिकी (IT)** तथा प्रबंधन विषयों से रहा है। वे विद्यार्थियों को केवल पुस्तकीय ज्ञान तक सीमित न रखकर उन्हें व्यावहारिक जीवन और उद्योग की आवश्यकताओं से जोड़कर समझाने में विश्वास रखते हैं। उनका मानना है कि आज के समय में शिक्षा का उद्देश्य केवल डिग्री प्राप्त करना नहीं, बल्कि विद्यार्थियों को उद्योग के लिए सक्षम

और व्यवहारिक रूप से दक्ष बनाना भी है।

मनीष सतपाल ने सूचना प्रौद्योगिकी (IT) के क्षेत्र में भी कार्य किया है। तकनीक और प्रबंधन के इस अनुभव ने उन्हें शिक्षा के क्षेत्र में आधुनिक दृष्टिकोण प्रदान किया है। वे नई तकनीकों, डिजिटल साधनों और नवाचारों के माध्यम से विद्यार्थियों को सीखने के लिए प्रेरित करते हैं।

आध्यात्मिक चिंतन में भी उनकी विशेष रुचि है। वे **श्रीमद्भगवद्गीता** के सिद्धांतों से गहराई से जुड़े हुए हैं और समय-समय पर विद्यार्थियों तथा युवाओं के लिए गीता से प्रेरित सत्र आयोजित करना उन्हें विशेष रूप से प्रिय है। उनका विश्वास है कि गीता के सिद्धांत केवल आध्यात्मिक जीवन के लिए ही नहीं, बल्कि प्रबंधन, नेतृत्व और जीवन के निर्णयों के लिए भी अत्यंत उपयोगी मार्गदर्शन प्रदान करते हैं।

मनीष सतपाल स्वयं को हमेशा एक शिक्षक और विचारक के रूप में देखते हैं। उनका प्रयास रहता है कि शिक्षा, तकनीक और भारतीय ज्ञान परंपरा के समन्वय से विद्यार्थियों को समग्र दृष्टि प्रदान की जा सके। वे युवाओं में सकारात्मक सोच, नैतिक मूल्यों और आत्मविश्वास को विकसित करने के लिए निरंतर कार्य कर रहे हैं।

संपर्क
ईमेल : dhairya.manishs@gmail.com
मोबाइल : +91 95221 51080

www.ingramcontent.com/pod-product-compliance
Lightning Source LLC
LaVergne TN
LVHW022230200926
848481LV00006B/2211
* 9 7 9 8 9 0 3 9 2 8 6 7 5 *